AF438243

L'ALPHA

DE LA RÉPUBLIQUE

OU

LE PETIT CATÉCHISME DES GRANDS ENFANTS,

PAR

UN RÉPUBLICAIN DE LA VIEILLE ROCHE.

Prix : 20 centimes.

PARIS

AU COMPTOIR DES IMPRIMEURS-UNIS

— COMON ET C⁶ —

15, QUAI MALAQUAIS

—

1848.

PARIS. — IMPRIMERIE GERDÈS,
10, RUE SAINT-GERMAIN-DES-PRÉS.

L'ALPHA

DE LA RÉPUBLIQUE

OU

LE PETIT CATÉCHISME DES GRANDS ENFANTS.

I.

La société est l'état naturel de l'homme.

Toute société est un édifice qui a pour base un contrat et pour faîte une croyance.

La croyance, c'est Dieu; le contrat, c'est la loi.

La loi est l'expression écrite ou la tradition orale des devoirs et des droits. Locale et changeante de sa nature, elle se modifie selon les temps et les lieux; elle est plus ou moins favorable au progrès, plus ou moins appropriée au caractère d'une nation.

De là les diverses formes de gouvernement que subissent ou adoptent la plupart des peuples, suivant le degré de leur civilisation.

La monarchie, absolue ou constitutionnelle, est le gouvernement de l'enfance et de la caducité des peuples.

La république seule convient à l'austère grandeur de leur virilité.

Depuis longtemps la France a atteint son âge viril.

Depuis longtemps elle est donc mûre pour la république; mais les souvenirs de 93, les réactions contre-révolutionnaires, les éternelles intrigues des hommes de mauvaise volonté, — et il y en a beaucoup sur la terre, — en avaient reculé jusqu'à présent l'établissement *définitif*.

Enfin, une de ces tempêtes que Dieu suscite, quand il voit en péril la vie morale d'une nation, a pulvérisé, d'un coup de tonnerre, la dernière ruine monarchique.

Le dernier trône, plus rongé encore par la corruption que par les siècles, a été brûlé au pied de la colonne de la Liberté.

Les cendres en ont été jetées au vent, et la république a été irrévocablement proclamée.

II.

Demande. Qu'est-ce que la république?

Réponse. C'est le gouvernement de la nation par la nation, le gouvernement de tous par chacun et de chacun par tous; c'est la réforme de tous les abus, c'est la fusion de tous les intérêts; c'est la liberté de bien faire, l'égalité de tous les droits, la fraternité de tous les cœurs.

D. La république est-elle possible en France?

R. Non-seulement elle est possible, mais elle est même désormais la seule forme possible de gouvernement, la seule qui offre des garanties de sécurité et de stabilité. Les abus inséparables de la monarchie, protectrice née du privilége et de l'arbitraire, ses tendances forcément anti-populaires, égoïstes, usurpatrices, rendent cette sorte de gouvernement impraticable chez un peuple aussi civilisé et aussi jaloux de ses droits que le peuple français.

D. La France recueillera-t-elle des avantages réels de l'établissement de la république?

R. Elle en recueillera de deux sortes, les uns moraux, les autres matériels. Les avantages moraux, elle les recueille déjà, car, sur les débris du systeme de corruption anéanti avec la royauté, la moralité de la nation se retrempe à ses divines sources, aux sentiments de liberté, d'égalité et de fraternité; le riche et le puissant redescendent des régions hautaines où ils trônaient dans le mépris du faible et du pauvre. Les sentiments généreux, qui n'étaient qu'endormis dans leur cœur, s'émeuvent au contact de la générosité nationale, et déjà les plus intelligents d'entre eux, donnant aux autres un noble exemple, sont les plus sincères amis du peuple.

D. Ces avantages sont immédiats, incontestables; mais les avantages matériels, où les voyez-vous?

R. Patience. Tout vient à point à qui sait attendre. Le temps est la condition suprême de tout établissement. L'arbre a besoin de temps pour produire des fruits ; donnons le temps à l'arbre de la république, et il portera des fruits abondants et savoureux, tels que : la suppression des impôts qui pèsent sur les matières premières, l'abolition des sinécures, la justice à bon marché, l'instruction gratuite, la nécessité pour tous les citoyens de se rendre utiles à leur pays, une loi de conscription qui n'enlève plus aux champs les bras, déjà si peu nombreux, qui les font valoir, l'agriculture efficacement encouragée, l'association entre le fabricant et le travailleur ; en un mot, toutes les améliorations que comportent les ressources et la civilisation de la France.

D. Comment toutes ces améliorations pourront-elles se réaliser ?

R. Par le choix de bons représentants, capables de comprendre les besoins de leur pays, et jaloux de lui assurer une nouvelle ère de prospérité et de grandeur, par le sacrifice des intérêts particuliers aux intérêts généraux, par le concours de tous au bien public, par l'adoption franche de la république, par la pratique de la liberté, de l'égalité et de la fraternité.

III.

D. En quoi consiste la liberté ?

R. Dans le pouvoir de faire tout ce qui est bien, dans la faculté d'exercer à son profit, ou au profit d'autrui, toutes ses forces intellectuelles et physiques. La liberté, fille de Dieu, n'a d'autres bornes que celles que lui prescrivent la volonté, la raison et la conscience de l'homme.

D. Quel est le plus grand ennemi de la liberté?

R. Le désordre, qui engendre l'anarchie, à la suite de laquelle marche toujours la guerre civile, le plus terrible des fléaux dont la colère du ciel puisse affliger un peuple.

D. Quels sont les autres ennemis de la liberté?

R. L'injustice, la lâcheté, l'intempérance, la perfidie, la haine, l'ambition, la cupidité.

D. Comment ces passions portent-elles atteinte à la liberté?

R. Dès que ces passions pénètrent dans le cœur de l'homme, elles s'en rendent tellement maîtresses, qu'il n'entend plus d'autre voix que leur voix, et qu'il est, dans toutes ses actions, leur esclave absolu.

D. Quelles sont les vertus sympathiques à la liberté?

R. Le courage, la sobriété, la franchise, le dévouement, la libéralité, la religion de l'honneur, l'égalité et la fraternité.

D. Prouvez, par quelques exemples historiques, combien la sobriété est sympathique à la liberté.

R. Les peuples les plus sobres sont les montagnards, et les montagnes furent toujours le berceau ou l'asile de la liberté.

Guillaume Tell était un enfant des Alpes; Abd-el-Kader est un enfant de l'Atlas; Chamyl, l'Abd-el-Kader des Circassiens, est un enfant du Caucase.

D. L'ignorant est-il libre?

R. Son corps est libre, mais son âme est esclave; et c'est là le pire des esclavages, parce que, ne comprenant ni la liberté, ni les biens dont elle est la source, l'ignorant la vend comme Ésaü vendit son droit d'aînesse, et devient la proie du premier fourbe qui a intérêt à le tromper, du premier ambitieux qui a intérêt à l'asservir.

D. C'est donc pour l'homme un devoir de s'instruire?

R. C'est le premier des devoirs; car l'instruction étant la nourriture de l'âme, celui qui évite de s'instruire commet un suicide moral.

D. Quel crime commettent ceux qui s'opposent à l'instruction du peuple?

R. Ils assassinent moralement leurs frères en enchaînant leur esprit dans les ténèbres de l'ignorance.

Vouloir c'est pouvoir, dit le proverbe; savoir seul, c'est pouvoir, répond l'expérience.

IV

D. En quoi consiste l'égalité?

R. L'égalité, conforme à la loi de Dieu, consiste dans la possession des mêmes droits, entre tous les citoyens d'une même nation, dans l'acceptation et l'accomplissement des mêmes devoirs, dans les mêmes moyens de développer ses forces physiques et intellectuelles.

D. L'égalité absolue est-elle possible?

R. Non; car, de même qu'il n'y a pas deux feuilles ni deux fleurs exactement semblables, de même il n'y a pas deux hommes doués absolument du même degré d'intelligence, de force, de jugement, d'imagination, etc. De cette inégalité des aptitudes résulte inévitablement l'inégalité des positions; inégalité qui constitue la seule supériorité vraie, la supériorité du mérite.

D. Quelle opinion doit-on avoir de ceux qui prêchent cette égalité?

R. Que ce sont des gens qui se trompent eux-mêmes, ou qui veulent tromper les autres. Dans le premier cas, il faut les plaindre et les éclairer; dans le second cas, il faut les fuir comme des hommes pleins d'arrière-pensées et d'intentions mauvaises.

V.

D. En quoi consiste la fraternité?

R. La fraternité consiste à s'aimer les uns les autres comme des membres d'une même famille et à travailler, chacun selon ses forces, au bonheur de tous.

D. Quel est le plus grand ennemi la fraternité?

R. L'égoïsme. C'est l'égoïsme qui a fait que les rois ont toujours regardé les peuples comme des troupeaux dont ils pouvaient disposer selon *leur bon plaisir;* c'est l'égoïsme qui rend si souvent les puissants et les riches impitoyables envers les faibles et les pauvres; c'est l'égoïsme qui empêche le frère de voler au secours de son frère qu'on opprime ou qu'on égorge. L'égoïsme est le serpent fatal dont parlent les livres saints, et le monde ne sera vraiment libre que lorsque la fraternité lui aura écrasé la tête.

D. Quelles sont les vertus amies de la fraternité?

R. La charité, la tolérance, la justice, le pardon, le dévouement, l'abnégation.

D. Quels sont les deux plus sublimes exemples de fraternité que nous offrent les annales humaines?

R. La vie et la mort de Jésus-Christ, rédempteur de la liberté, premier apôtre de l'égalité et de la fraternité; la vie et la mort de notre glorieuse vierge et martyre, l'immortelle Jeanne d'Arc.

D. Citez quelques exemples de fraternité, tirés de l'histoire de notre époque.

R. Les héroïques combattants de Juillet et de Février, morts pour reconquérir nos libertés usurpées; les braves Allemands, morts pour fonder, dans leur patrie, le règne de la liberté; les intrépides Milanais, morts pour arracher leur pays au joug de l'étranger, ont donné, en scellant de leur sang leur foi de citoyens, un exemple de fraternité qui doit rendre leur mémoire à jamais vénérée et chère à tout peuple libre.

D. A qui doit-on le retour de la fraternité parmi les hommes?

R. D'abord au peuple français, le peuple-messie de la civilisation, ensuite au pape Pie IX, qui a lavé, dans les eaux régénératrices de la liberté, les vieilles souillures de la puissance papale, et béni de ses mains pieuses les armes des libérateurs de l'Italie.

D. Commment pèche-t-on contre la fraternité?

R. Quiconque fait à autrui ce qu'il ne voudrait pas qu'on lui fît; quiconque se contente de s'abstenir du mal, et néglige de faire le bien, pèche contre la fraternité.

D. Comment pratique-t-on la fraternité?

R. Instruire, conseiller, consoler, secourir son prochain, l'encourager dans le bien, le détourner du mal, se dévouer pour lui jusqu'à la mort, c'est pratiquer la fraternité.

D. Quels biens résultent pour un peuple de la pratique de la fraternité?

R. La paix, l'abondance, la richesse, la force, la gloire, le développement progressif de toutes les vertus civiques, l'extinction graduelle de tous les vices, tels sont les fruits divins de la fraternité. Sans elle, l'homme n'est rien et ne peut rien; avec elle il devient le fils de Dieu, et rien ne lui est impossible.

D. Dans la situation actuelle de la France, que doit faire tout bon citoyen ?

R. Tout bon citoyen doit travailler de tout son cœur, de toute son ame, de toutes ses forces, à affermir la République; à entretenir l'union; à ramener la confiance, source unique du crédit; à maintenir l'ordre, condition fondamentale de toute société; à propager les sentiments patriotiques, et particulièrement l'amour de l'égalité et de la fraternité.

VI.

D. Quelle est la tâche de l'ouvrier?

R. De se livrer régulièrement à un travail quelconque, matériel ou moral; — l'oisiveté de la main et de l'esprit amènent vite la corruption du cœur; — *d'avoir*, s'il le faut, comme l'a dit l'un d'eux d'une manière si simple et si belle, *encore quelques mois de misère au service de la République;* de défendre cette République, notre seule planche de salut, envers et contre tous; d'empêcher que qui que ce soit n'en ternisse la pureté; de couvrir, de sa protection souveraine, amis et ennemis, choses et personnes; de faire honorer en lui, par ses paroles et par ses actions, la dignité de citoyen; d'attendre, magnanime comme la victoire, plein de foi comme les martyrs, le jour où ses calomniateurs viendront fraternellement abjurer entre ses mains toutes leurs misérables rancunes, toutes leurs puériles préventions, toutes leurs feintes terreurs.

D. Quelle est la tâche du riche?

R. La tâche du riche est d'apprendre à se faire peuple, à arracher le lingot d'or ou d'argent qu'il cachait à la place du cœur, et à y mettre un véritable cœur de chair et de sang, battant bel et bien pour la patrie, sympathique à ses institutions, fraternel pour tous ses enfants; sa tâche est de partager son temps entre les affaires publiques et les affaires privées, de conseiller ceux qui ont besoin de conseils, d'instruire ceux qui ne savent pas, de faire comprendre ceux qui ne comprennent pas, de sacrifier au besoin, non pas sa vie, comme l'ouvrier l'a fait aux barricades, non pas même ses richesses, mais son superflu, pour que le nécessaire ne manque à personne. Tout riche qui, dans la crise actuelle, tient une autre ligne de conduite abdique l'honneur de sa position; il est sans intelligence comme sans entrailles.

D. De quel nom doit-on flétrir l'ouvrier et le riche qui manquent à leur tâche mutuelle?

R. Du nom de mauvais citoyen.

VII.

D. Que doit-on penser de ceux qui affectent de craindre et de ceux qui craignent réellement le retour des excès de 93?

R. Les premiers sont des ennemis de la république, qui ne sauraient inspirer assez de défiance et de réprobation. Quand la dissimulation est sur les lèvres, la trahison n'est pas loin du cœur. Pour les seconds, ils ont le tort, bien plus grand qu'ils ne pensent, de méconnaître leur époque, d'insulter gratuitement aux plus beaux sentiments du peuple, qui met son orgueil à ne point souiller son œuvre, et qui sait mieux que personne que les excès sont mortels à la liberté. D'ailleurs 93 est une de ces crises suprêmes qui ne se reproduisent point dans l'histoire d'une nation. Où sont aujourd'hui les ennemis intérieurs et extérieurs, qui enfermaient la convention comme dans un cercle de feu, et la condamnaient à vaincre à tout prix. Les Prussiens ont-ils envahi nos provinces? les Vendéens ont-ils arboré contre la république l'étendard de l'insurrection? Non. La Vendée s'est faite républicaine; la Prusse et l'Allemagne entière marchent sur nos traces dans les voies de la liberté. Par quoi donc sont-ils épouvantés, les songe-creux de la peur? Par un fantôme qui n'existe que dans leur imagination, et que, la réflexion aidant, dissiperont bientôt sans doute ces trois mots rayonnants, gravés sur nos drapeaux, au fronton de nos temples et dans le cœur de tous les bons citoyens : *liberté, égalité, fraternité. La raison finit toujours par avoir raison.*

D. Comment la république triomphera-t-elle des obstacles qui l'assaillent et des répulsions hostiles des anciens partis?

R. Par cette attitude impassible qui convient à la force appuyée sur le droit; par cette austère gravité de mœurs, de conduite et de pensée, qui a fait si rapidement des États-Unis une nation si florissante; par des institutions qui apaisent toutes les craintes en sauvegardant tous les intérêts; par une sainte horreur de la guerre civile; par cet amour universel du pays qui, élevant tous les cœurs au-dessus de tous les ressentiments, les anime tous de la même pensée et de la même volonté : *Le salut de la patrie.*

Vive la France!

www.ingramcontent.com/pod-product-compliance
Lightning Source LLC
Chambersburg PA
CBHW061455050726
47593CB00004B/1629